AF313441

NOTICE

SUR

LE-BERQUIER

ANCIEN BATONNIER DE L'ORDRE DES AVOCATS

Né à Rogerville, le 24 mars 1819, mort à Paris, le 24 février 1886

PAR Mᵉ CRESSON

PARIS

ALCAN-LÉVY, IMPRIMEUR DE L'ORDRE DES AVOCATS

24, rue Chauchat, 24

1886

NOTICE

LE BERQUIER

NOTICE

SUR

LE BERQUIER

ANCIEN BATONNIER DE L'ORDRE DES AVOCATS

Né à Rogerville, le 24 mars 1819, mort à Paris, le 24 février 1886

PAR Me CRESSON

PARIS

ALCAN-LÉVY, IMPRIMEUR DE L'ORDRE DES AVOCATS

24, rue Chauchat, 24

1886

ASSOCIATION DES ANCIENS SECRÉTAIRES

DE LA CONFÉRENCE DES AVOCATS

Notice sur LE BERQUIER

Ancien Bâtonnier

NÉ A ROGERVILLE, LE 24 MARS 1819, MORT A PARIS LE 24 FÉVRIER 1886

LUE PAR Mᵉ CRESSON A LA SÉANCE DU 20 DÉCEMBRE 1886

Le Berquier est mort le 24 février 1886. Il était
entré au Barreau le 19 avril 1842 ; j'y fus inscrit en 1846.
Nous avons donc vécu quarante années l'un à côté de
l'autre, unis par ces sentiments qui naissent dans l'intimité
confraternelle, grandissent entretenus par la familiarité,
et finissent, sans vieillir, par l'amitié qui sait dire et enten-
dre la vérité.

Durant ces quarante ans, chaque jour, au Palais, nous
nous cherchions ; dans la foule sa haute taille le désignait,
son bon sourire appelait la confidence, et sa sincérité

n'avait pas de secret. Avant, après les travaux de l'audience, sa gaîté commençait ou continuait ces bavardages de la salle des Pas-Perdus, sérieux ou légers, faciles ou sévères, aimables, spirituels même quand leur sujet n'encourage pas l'esprit.

Que les jours ont été rapides! Le temps a passé sans nous avertir de sa fuite; la maturité, la vieillesse sont venues. A nos yeux, nous restions les mêmes; nous n'avons appris l'heure présente que par l'étonnement de n'être plus appelés les jeunes; puis, subitement, la maladie a frappé LE BERQUIER, et la mort a fait son œuvre. Comme vous, cependant, je le cherche encore. Je l'entends, je le vois!

La vie de LE BERQUIER a été bien remplie; elle a eu de belles pages; vous les connaissez; mais vous voulez les relire parce que vous ne vous fatiguez pas de la biographie des honnêtes gens. Leur honneur n'est-il pas à vous? ne s'ajoute-t-il pas au vôtre pour constituer le patrimoine commun de notre cher Barreau?

Les premiers succès de LE BERQUIER datent de 1845; ils sont prouvés par sa nomination aux fonctions de secrétaire de la Conférence pour l'année 1846-1847. Autour de lui, le suffrage universel du Palais choisissait Dillais, Decous de Lapeyrière, Gallien, Demante, Adelon, Boulloche. Ces noms disent assez que les électeurs de la règle ancienne cherchaient et trouvaient le talent.

Malgré sa jeunesse, LE BERQUIER avait une place à la barre, quand Crémieux, après 1848, vint y réclamer des hommes capables de servir la République; il eût été facile de céder à son appel caressant, et de suivre de nombreux confrères improvisés magistrats. Mais déjà la vocation de LE BERQUIER était ferme; il était décidé à n'être qu'avocat, à rester fidèle à la profession qui ne calcule pas aux pieds de la Fortune, mais qui garantit à la vie laborieuse et contente de la médiocrité matérielle le plus précieux des biens de l'homme, l'indépendance.

Combien de fois ceux qui l'ont prise, ont-ils pu se réjouir d'une telle résolution ! De loin, par des expériences malheureusement nombreuses, ils ont vérifié que les honneurs rendus au costume, à sa dorure, ne valent pas le calme de la conscience, le meilleur et le plus puissant des juges ; et alors, ils ont répété avec le fabuliste :

Pour vivre heureux, vivons caché !

Il faut tout dire : pour rester alors avocat, Le Berquier avait une autre raison que le seul amour de la profession ; elle l'honore, d'ailleurs ; il était fidèle au malheur ! Il n'avait pas vu sans chagrin la chute de cette dynastie, de cette famille royale, dans laquelle les filles étaient chastes comme les fils étaient braves ; son cœur était avec ces princes qui, après avoir été nos camarades et nos émules universitaires, en suivant le drapeau de la France, en s'offrant noblement aux devoirs de la discipline militaire, à ses fatigues, à la guerre et à ses coups, avaient mérité et conquis leurs grades dans l'armée et sur la flotte ; il les avait vus, inclinés devant toutes les gloires de la France, rapporter aux Invalides les cendres de Napoléon ; dans un jour de révolution, ces fils de Roi avaient sacrifié sans combat la possession d'un trône, et Le Berquier savait qu'ils avaient subi l'exil, les larmes aux yeux, en se répétant l'apostrophe de L'Hospital :

« Il vaut mieux souffrir toutes pertes et injures qu'estre cause d'un si grand mal que d'amener guerre civile en son pays ! »

A ce sentiment si pur, si légitime chez Le Berquier, s'ajouta un peu plus tard l'indignation provoquée par un fameux décret ; son auteur confisquait les biens de la famille d'Orléans, et, pour capter la popularité, il caressait la cupidité de la multitude instinctivement prête à partager les dépouilles du vaincu.

Mais la conscience publique était vivante alors ; elle ne s'était pas énervée dans une longue agonie ; elle frémissait en racontant les violences subies ; elle refusait opiniâtrement de croire aux dangers dont le socialisme menaçait la France, à la nécessité d'un sauveur ; elle se défiait du goût fatal de la gloire et des ambitions qui provoquent les coalitions et les invasions.

Dans cet état moral, l'opinion accueillit avec des applaudissements le mémoire que Le Berquier avait préparé contre la confiscation. Spontanément, seul, dans l'isolement d'une étude savante et décisive, il avait démasqué les mensonges fardés de droit; leurs couleurs décevantes servent aux effrontés de tous les temps pour tromper ceux qui veulent l'être.

La monographie sur les décrets du 22 janvier 1852 ne fut pas seulement un travail concluant que Paillet cita en lui rendant un enviable hommage ; elle est écrite avec l'émotion de la vérité révoltée, avec cette sobriété qui force l'attention plus qu'elle ne la demande, avec ce feu qu'allument la conviction du bon droit et la volonté de démasquer une iniquité.

Le mémoire de Le Berquier trouva une place, auprès de la plaidoirie de Paillet qui la terminait, au milieu des applaudissements, en disant avec confiance :

« En France, la justice du moins est toujours debout et toujours les droits légitimes y trouveront des juges pour les faire respecter ! »

Auprès encore de la véhémente réplique de Berryer dont la voix frémissante criait : « Donnez-nous des Juges, des Juges ! *Forum et Jus.* »

Quelques jours avant ces débats, Le Berquier recevait de M. Guizot une approbation qui suffirait à l'honneur de la vie d'un avocat.

Le ministre constitutionnel écrivait :

« Je vous remercie, Monsieur, de l'excellent travail que
» vous avez bien voulu m'envoyer. Vous arrivez, par l'ar-
» gumentation la plus claire, à la démonstration la plus
» lumineuse, et vous n'avez ni oublié une bonne raison
» ni inséré un mot inutile. C'est complet et court. Je
» voudrais être aussi sûr de votre succès que de votre
» mérite. »

Un mot douloureux, que prononce trop souvent la conscience de l'honnête homme, finissait ce billet.

« J'ai appris, bien contre ma nature, à ne plus compter
» absolument sur le succès des bonnes causes. »

M. Guizot se trompait ; la bonne cause triompha devant la justice civile, qui déclara sa compétence ; une approbation universelle accueillit le jugement ; mérité par une magistrature qui refusait de rendre des services, le respect pour la justice grandit. L'intérêt et le devoir s'accordent dans tous les temps pour recommander au juge de ne pas encourir le doute de M. Guizot.

Un membre de notre association, M. le conseiller Dubedat, a publié, il y a quelques années, une étude sur Le Berquier dont il était l'ardent ami. Il s'est trompé en imprimant que la réponse au décret de confiscation composée par Le Berquier n'aurait pas trouvé au Palais beaucoup d'avocats pour la défendre et la signer. Le Berquier n'a pas dû accepter sans protestation cette affirmation involontairement inexacte. Le Barreau n'a jamais connu la peur ; il a sinon toujours, du moins souvent parlé haut et ferme. En 1851 plus particulièrement, en face de l'arbitraire qui prononçait la déportation et l'exil, nous disions à la barre, notre conviction ; nous l'écrivions dans des conclusions ; nous nous sentions défendus par la conscience du juge : c'était d'ailleurs le devoir. Le Barreau a toujours combattu pour le droit contre la force, d'où qu'elle vînt. Demandez à Rousse s'il eut peur. en 1871, de partager le sort des otages.

Le monde judiciaire tout entier remercia LE BERQUIER de son heureuse intervention dans le procès des princes ; la clientèle elle-même, qui ne se trompe pas toujours sur le tapage des réputations, lui prouva sa juste confiance. A partir de cette époque, LE BERQUIER devint et resta un avocat occupé d'affaires intéressantes. Comme l'a dit avec raison, devant son cercueil, son successeur dans le Bâtonnat, LE BERQUIER ne s'enferma jamais dans une spécialité, et son talent abondant, simple et facile. sut étudier, comprendre et expliquer les matières les plus diverses. LE BERQUIER avait le jugement droit ; sa répartie était fine ; l'élocution trouvait dans les modulations un peu voilées de sa voix un véritable charme ; il y ajoutait un geste sobre, celui d'une belle nature. Avec du talent. notre ami posséda une des plus nobles qualités de l'avocat : il était désintéressé. Sa dignité n'a pas eu besoin d'apprendre la règle qui défend au Barreau de trafiquer de sa conviction et de vendre sa parole. Il n'avait jamais sacrifié au goût de paraître, et sa vie s'écoula dans un intérieur dont le travail, les mœurs et la tendresse protégeaient le calme profond ; cependant il est mort sans fortune, fier de sa modeste aisance conquise. Lui aussi aurait eu le droit d'écrire sur le registre de ses causes ces lignes du testament de Paillet :

«Là se trouve la source unique et pure de notre modeste fortune. J'affirme que parmi les nombreux articles dont la recette se compose, il n'en est pas un seul qui n'ait été un tribut volontaire et spontané de ma clientèle. »

Les plaideurs trouvaient dans le cabinet de Le Berquier un premier juge instruit, bienveillant, mais décidé.

Quand d'excellents collaborateurs, après avoir étudié le dossier du maître et de l'ami, signalaient à son attention les côtés médiocres d'un procès; quand l'équité n'était pas satisfaite; quand son expérience et ses vérifications personnelles avaient éclairé sa conscience sur les torts de son client, sans hésitation, sans regret, il condamnait la cause et l'effaçait de son souvenir.

Malgré leurs exigences et la minutie de leurs recherches, les travaux du Palais ne remplirent pas toutes les heures de Le Berquier, qui dormait peu. Une véritable passion pour des études sur le droit administratif provoqua ses efforts; ils furent heureux et utiles.

En avril et mai 1855, dans le journal *le Droit*: le 15 avril 1859, dans la *Revue des Deux-Mondes*, à propos de l'organisation des conseils municipaux et de l'annexion de la banlieue parisienne, Le Berquier, par des monographies savantes, pénétra dans la multiplicité des questions qui intéressent les communes. Son livre sur le corps municipal restera comme la préface de tant de lois sur une matière presque inépuisable.

La vie de Paris sollicita d'une façon plus absorbante encore des commentaires. Saisir dans son ensemble l'administration municipale et arriver à sa description; pour cela s'approprier l'histoire et ses secrets bien cachés dans ces sujets obscurs; indiquer avec précision les progrès à réaliser; l'œuvre n'était pas facile. Mais s'enfoncer seul dans l'inextricable dédale des lois, des règlements de tous les temps, de tous les régimes, de tant d'autorités successives qui ont constitué l'organisme de Paris: s'y complaire; en analyser les principes, les conséquences et les accessoires ; fouiller la masse épaisse des documents, et porter dans leur nuit un peu de lumière ; l'œuvre devenait considérable. En dehors de ces chefs d'administration qui avaient vieilli dans les luttes soulevées par la variété des questions quotidiennes, combien sont-ils les érudits capables de traiter ces matières ardues, politiques, économiques, judiciaires, matérielles, intellectuelles et morales ?

Le Berquier, dans son livre de l'administration de la commune de Paris et du département de la Seine, n'a pas tenté seulement une compilation : plusieurs des chapitres consacrés à la Préfecture de la Seine sont excellents ; peut-être à propos de la Préfecture de police, n'a-t-il pas montré assez complétement, parce que les renseignements lui manquaient, les attributions de ses divisions qui révèlent l'admirable fonctionnement de cette institution si nécessaire et si parfaite. Mais il a prouvé le poids et l'étendue de sa charge en rappelant qu'après avoir consacré ses veilles à la protection de tous les intérêts de la Cité, la Préfecture de police a le devoir d'assurer la vie, la santé, le bien-être d'un peuple immense ; il a permis aussi de comprendre qu'elle doit savoir user de la force pour imposer le respect de l'ordre et des lois.

Les ouvrages de Le Berquier sur la Municipalité parisienne ont été composés sous le régime impérial ; à cette époque, les amis des libertés publiques étaient unis dans la même pensée, l'affranchissement ; l'espérance des hommes qui refusent de conspirer se promettait le triomphe de la raison ; on comptait qu'elle s'imposerait aux coups du Suffrage universel, oubliant que, le plus souvent, celui-ci obéit à ses exploiteurs comme l'aiguille de la pendule cède au doigt de l'horloger.

La date des publications de Le Berquier explique donc des illusions généreuses.

Plein du souvenir et de la loi libérale du **20** avril 1834 qui avait organisé la municipalité, et de l'administration des préfets respectés MM. Rambuteau et Delessert. Le Berquier critique le régime de la commission municipale que présidait M. Haussmann et autour de laquelle veillait M. Piétri ; il écrit alors :

« Il serait temps de rendre justice à ce qu'on appelle la municipalité de Paris et de ne plus la confondre avec les produits de l'émeute.

» Une commission insurrectionnelle, s'écrie-t-il, s'empare un jour de l'Hôtel de Ville et en fait le centre de la plus exécrable dictature dont la France ait gardé le souvenir. Cette commission marche de forfait en forfait et répand la terreur! Voilà, dit-on, le résultat des libertés municipales. »

Il s'indigne, il ne veut pas croire aux leçons de l'histoire, il ajoute donc :

« Pour être juste, donnez à l'électeur parisien le droit de choisir ses élus! C'est le déclarer inférieur et inhabile que lui refuser la loi des communes de la France ! »

Il ne faut pas oublier qu'en écrivant ces lignes, Le Berquier ne recommandait que le régime des lois de l'époque constitutionnelle. La Municipalité parisienne, qu'elles avaient organisée, n'était ni niaise, ni violente. Elle exerçait un contrôle utile, réduit aux seules affaires d'intérêt local ; la politique ne pouvait pas prendre le pas sur des questions presque matérielles. Qui aurait imaginé de réclamer alors une tribune et un public pour des théories sociales et une propagande anarchique? Le Berquier savait que le plus terrible des maires, élus sous la règle de la loi de 1834, celui qui fut qualifié, en 1848, le maire des barricades, était un fougueux modéré dont l'Empire fit un sénateur dévoué ; son opinion sur l'électorat municipal à Paris est donc très compréhensible; on aurait tort de la lui reprocher, sans l'expliquer dans ses causes.

Combien elle a changé, d'ailleurs, en 1871, devant les prétendues élections de la Commune, devant les nouveaux dictateurs dont la France ne pourra jamais oublier la sanglante tyrannie. Le Berquier fut obligé de fuir; malgré sa ténacité et sa passion pour son foyer, il dut gagner les champs. Plus tard, Le Berquier déplorait ces résolutions d'un corps municipal élu qui ferme les écoles chrétiennes, chasse des hôpitaux les filles de Saint-Vincent-de-Paul, renverse la croix dressée sur le cimetière, proscrit dans les livres de la petite enfance le nom de Dieu, et met d'ailleurs les mains dans la caisse des impôts pour entretenir les entrepreneurs de grèves. Je puis affirmer que ces votes n'étaient pas ceux qu'avait espérés l'auteur de l'administration municipale dans Paris; ce n'était pas avec la pensée de les déplorer un jour, qu'il avait revendiqué le droit d'élection pour le corps municipal.

Dans les œuvres de Le Berquier, l'avocat et le jurisconsulte ont à faire une large place à l'écrivain; Le Berquier mérite, en effet, l'honneur de ce titre. Sa plume est rapide, féconde, presque prodigue; comme le plus grand nombre des improvisateurs de la parole, il obéit à la pensée sans s'occuper de corriger l'impétuosité de l'expression; le geste précise si bien celle-ci dans le discours que l'orateur, devenu homme de lettres, se satisfait facilement par des équivalents ou des répétitions. Habilement produites, ne donnent-elles pas à la phrase des forces et du mouvement?

Le Berquier a écrit avec tendresse de justes pensées sur le Barreau moderne; la *Revue des Deux-Mondes* leur avait fait un accueil consacré par le goût de ses lecteurs;

c'est dans l'un de ces articles qu'il trouva M. Dupin sur son chemin.

Après avoir repris la robe de dessous en donnant une démission éclatante de ses fonctions de Procureur Général à la Cour de cassation, l'ami du droit ne s'était pas long-temps refusé aux sollicitations de l'Empire dont la politique cherchait le concours des illustrations de la France. Dupin avait plus d'esprit que de caractère : son siège et l'hermine lui manquaient. Il les reprit donc, et en invoquant l'autorité de Cicéron et un mot de Tacite, il écrivit cette phrase sur le gouvernement constitutionnel : « Beau gouvernement, sans doute ; mais comment accorder le pouvoir et la liberté ? *Principatum ac libertatem !* »

Devant cette question, étrange sous la plume de l'ancien Président de tant d'illustres assemblées, Le Berquier osa s'adresser au Procureur Général ; il lui demanda gravement s'il tenait pour la pondération des pouvoirs avec la liberté, ou pour les gouvernements absolus avec la force.

Dupin répondit au « cher et excellent confrère » :

« On peut aimer et regretter ce gouvernement consti-
« tutionnel, comme Tacite et Cicéron, mais on comprend
« aussi avec eux comment il porte souvent dans son sein
« des causes de ruine — peut-on nier ce qu'on a vu ? — La
« providence a donné pour loi à toute chose de vivre par
« la règle et de dépérir par l'abus : *Pilum rapiunt*
« *inter se !* »

La réponse ajouta au goût de Le Berquier pour l'indépendance de sa profession.

« Le Barreau de Paris, » « le Tableau des Avocats, » « le Barreau étranger, » devinrent sous sa plume des titres d'études connues.

Plus tard, la préface des plaidoyers de Paillet fournit à

Le Berquier une des occasions qu'il aimait pour célébrer
sa profession. Le sujet était digne d'envie. Inspiré par le
souvenir de ces luttes, dans lesquelles la simplicité, la
méthode, la finesse, la raison, l'élocution et la force de
l'action n'ont pas trouvé de supériorité ; admirateur charmé
qui ne veut et ne peut oublier ; plein du désir d'emprunter
au génie du Maître des leçons à transmettre aux générations du Palais ; encouragé par la confiance d'une famille
digne de la gloire de son chef. Le Berquier, avec quelques notes, des journaux et des mémoires, avait pu recons-
truire l'œuvre de Paillet. La tâche avait été rude ; rien ne
l'avait rebuté, ni les difficultés rencontrées, ni le temps à
prodiguer. Comme l'écrivait Eugène Paillet avec un
remercîment plein de gratitude, l'œuvre publiée était
parfaite. Le Berquier y ajouta des pages dans lesquelles
ceux qui l'ont vue et étudiée à la Barre retrouvent vivante
a grande figure qui dominait le prétoire, « sans morgue,
sans audace, sans pose. » Il nous montre Paillet debout,
« la pointe des coudes sur son dossier ouvert, » causant,
s'animant, se redressant sous l'influence de l'action, et
contenant la véhémence de sa parole pour le plus grand
profit de la force de la pensée.

Le Berquier avait approfondi la nature de Paillet orateur ; il sut creuser aussi la conscience de son modèle
Avec quel tact il sait choisir la citation qui permet au lec-
teur de pénétrer l'homme ! Un passage emprunté au
remercîment provoqué par la confiance des électeurs
politiques de 1848 révèle bien les sentiments de la géné-
ration dont Paillet était une des gloires.

« Vous avez raison de croire, écrivait l'honnête homme,
« que je demeurerai fidèle à la ligne de conduite que j'ai
« déjà suivie. Car les principes ne varient pas avec les cir-
« constances ; sous la République comme sous la Monarchie,

« c'est dans une philanthropie sincère, dans une liberté
« sage et réglée que je place le salut et l'avenir de notre
« pays. »

En choisissant ces paroles de Paillet. Le Berquier pen-
sait aux hommes qui subordonnent les principes aux occasions ; il faut le remercier d'avoir mis en lumière le vieux
langage de la vérité et de la vertu ; son contraste avec
celui des politiciens est une forte leçon. Il est vrai d'ailleurs que Paillet ne s'occupa jamais des applaudissements
de la multitude. Avec Marie, avec Bethmont, il s'intéres-
sait à elle ; mais, tous les trois ensemble, pour la servir,
c'est-à-dire pour la défendre contre ses erreurs, ses excès
et son ignorance, ils savaient délibérer et lui imposer la
résistance des lois et d'un gouvernement respectueux de
sa mission.

Au moment de quitter Paillet, en retraçant l'émotion
qui entourait son cercueil, Le Berquier a très heureuse-
ment identifié le grand Maître avec le Barreau lui-même ;
il a dit :

« Défenseur naturel du droit, toujours prêt à la lutte
« pour les idées de justice et de liberté, ennemi de la
« force et de l'oppression d'où qu'elles viennent, d'en haut
« ou d'en bas ; sorti du peuple et le connaissant, le cœur
« ouvert à tous les malheurs, à toutes les misères ; doué
« de tous les dévouements, quelle que soit l'infortune,
« quel que soit le péril, comment le Barreau n'aurait-il
« point sa part dans la gratitude publique ! »

Ne semble-t-il pas, en lisant ces lignes, que Le Berquier
a répondu pour notre Ordre aux vaines injures des réfor-
mateurs du bien et des entrepreneurs des commerces sur
les procès ?

On n'a pas vécu la vie de notre époque sans avoir, de
près ou de loin, été rencontré par la comète politique ;

Le Berquier n'a pas trop souffert de ce danger, grâce à la prudence de son esprit.

Après la révolution du 4 septembre, le nouveau gouvernement fut assiégé d'offres et de sollicitations ardentes. Comme d'autres qui l'avaient précédé et qui l'ont suivi, il avait le goût de préférer aux candidats spontanés, les capables et les utiles dont on lui demandait à usurper les places. Quand, parmi ces derniers, les meilleurs lui échappaient, il invoquait les citoyens qui gardaient le silence en pensant que les catastrophes de la patrie ne doivent jamais servir de marchepied à l'ambition. A ce titre, Le Berquier fut un des premiers sollicité d'accorder son concours ; on lui offrit les fonctions qu'occupait un honorable magistrat, accusé niaisement du crime d'avoir servi les lois ; il les refusa avec fermeté et reçut avec étonnement le remerciment qui lui était dû. D'autres offres cherchèrent à vaincre ses répugnances et à le décider en invoquant le patriotisme ; il fut inébranlable. Quand certaines gens obtiennent des fonctions, les personnalités sérieuses les refusent. Il n'est pas toujours nécessaire d'être confondu avec ceux qui font de la politique une carrière. D'ailleurs, par une désignation du Conseil de l'Ordre habilement transformé en électeur des officiers indispensables à la composition du Conseil de guerre de la garde nationale, Le Berquier se trouva mis en œuvre pendant l'investissement de Paris. Avec un autre, il fut substitut de Colmet d'Aage, Procureur Général de ce Conseil de révision, qu'au refus de Faustin Hélie et de Valette, M. Dufaure honora de sa présidence.

Après le siège, durant lequel Le Berquier, avec une admirable bonhomie, consentit généreusement à essayer de calmer des fous furieux, d'ouvrir les yeux à des aveugles et les oreilles à des sourds, en parlant raison dans les réunions publiques, il se vit inscrire sur la liste des candidatures que le patriotisme avait étudiée et dressée. Il va de soi qu'il ne fut pas nommé, et j'ai des raisons pour croire qu'aucun chagrin personnel ne suivit la défaite du bon sens.

Son mérite devait recevoir une plus haute récompense, celle que l'Ordre des Avocats décerne avec le sentiment éclairé des intérêts du Barreau. Comme Nicolet qui disait : « Ma seule ambition serait d'être leur Bâtonnier. » Le Berquier aspirait à l'honneur d'obtenir les suffrages libres et spontanés de ses confrères. Ceux-ci l'ont compris. Ils ont couronné sa vie en l'élevant à la dignité qui n'a été occupée que par les plus illustres, les plus purs et les plus respectés. Cette préférence, que justifiait sa carrière, a été l'orgueil et la consolation de ses derniers jours : ils étaient malheureusement trop proches.

La maladie avait heurté plusieurs fois la puissante nature de Le Berquier ; il lui résistait avec une confiance dans ses forces qu'aucun accident n'altérait. Après une première et terrible crise d'un mal implacable, il fut condamné au repos, et partit pour le Midi. Le beau ciel, les rivages, les montagnes qui ont vu passer les générations, tant de vainqueurs et tant de vaincus, rien ne remplaçait sa maison, ses fils, ses amis, le travail, la vie du Palais. Il voulut revenir et marcher en avant.

On lui parlait de la mort, il répondait : « Je l'attends. » Après une nouvelle chute, il subit un voyage en Normandie. En y arrivant, il m'écrivait : « Je vais très bien ; veux-tu me dire ce que je fais ici ? » Quelques semaines après, il imposait aux siens le retour à Paris.

Les vieux dans la maison de Saint-Louis ont tous l'ambition de finir, comme Paillet, à la Barre, au combat, debout !

S'éloigner ou mourir volontairement leur paraît une même chose; ils considèrent la retraite comme un suicide! Je veux vous conter tout bas la raison de leur erreur; ils aiment leurs confrères; ils ne se résignent pas à se passer des preuves de leur douce amitié; leur société les charme, les console, les fait durer et vivre ; et puis Le Berquier se sentait le débiteur de l'Ordre. Comme il a lutté contre l'affaissement pour servir les intérêts confiés à sa vigilance! Il s'exagérait les devoirs du Bâtonnat, et il résigna des fonctions dont il s'accusait de ne pas porter la charge.

En mourant, Le Berquier éprouvait le regret de n'avoir pas eu la force d'accomplir pour le Barreau tout ce que son cœur lui inspirait, tout ce que sa tendresse espérait.

Le Berquier a été droit, savant et sage ; vous garderez sa mémoire, et le Barreau ajoutera son nom à ceux des Bâtonniers qui ont honoré la profession.

CRESSON.

Alcan-Lévy, imprimeur de l'Ordre des Avocats.